جُحَا وَالْقَاضِي الظّالِمُ

قصة د. طارق البكري

رسوم إياد عيساوي

دار الرُّقي
للطباعة والنشر والتوزيع

يُحْكى أَنَّهُ كَانَ هُنَاكَ قَاضٍ ظَالِمٌ يَعِيشُ فِي زَمَنِ جُحَا..
وَحَاوَلَ هَذَا القَاضِي الظَّالِمُ وَيُدْعَى بِهْرَاج وَجَارُهُ الغَنِيُّ مِنْبَاج

الاسْتِهَانَةَ بِجُحَا وَالاسْتِهْزَاءَ بِهِ فَقَالَا لَهُ: يُسْعِدُنَا أَنْ نَصْطَحِبَكَ مَعَنَا فِي رِحْلَةٍ لِلصَّيْدِ، لَكِنَّكَ لِلْأَسَفِ لَا تَمْلِكُ مِنْ عِدَّةِ الصَّيْدِ شَيْئًا وَلَا حَتَّى صَقْرًا..

فَضَحِكَ جُحَا وَعَرَفَ أَنَّهُمَا يُرِيدَانِ الاِحْتِيَالَ عَلَيْهِ، وَقَرَّرَ أَنْ يُلَقِّنَهُمَا دَرْسًا لَا يَنْسَيَانِهِ فِي حَيَاتِهِمَا..

فَقَالَ لَهُمَا: وَمَنْ هَذَا الْغَبِيُّ الَّذِي قَالَ لَكُمَا إِنَّنِي لَا أَمْلِكُ صَقْرًا!! انْتَظِرَا قَلِيلًا وَسَوْفَ أُرِيكُمَا صَقْرِي..

وَذَهَبَ جُحَا وَاخْتَفَى بَيْنَ أَشْجَارِ الْغَابَةِ الْقَرِيبَةِ ثُمَّ عَادَ وَهُوَ يَحْمِلُ غُرَابًا وَقَالَ لَهُمَا: انْظُرَا وَتَأَكَّدَا بِنَفْسَيْكُمَا.. هَذَا هُوَ صَقْرِي.

فَضَحِكَ القَاضِي وَجَارُهُ.. وَقَالَا لَهُ: يَا لَهُ مِنْ صَقْرٍ بَدِيعٍ.. إِذَنْ سَتَذْهَبُ مَعَنَا اليَوْمَ فِي رِحْلَةِ الصَّيْدِ..

وَذَهَبَ الثَّلَاثَةُ لِلصَّيْدِ، وَأَطْلَقَ جُحَا (صَقْرَهُ) فَوَقَفَ عَلَى ظَهْرِ بَقَرَةٍ سَمِينَةٍ

فَصَاحَ جُحَا: يا لَهَذا الصَّقْرِ الشُّجَاعِ الذَّكِيِّ.. هَذَا هُوَ صَيْدِي الثَّمِينُ..

فَانْزَعَجَ التَّاجِرُ الغَنِيُّ مِنْ ذَلِكَ كَثِيرًا حَيْثُ إِنَّ هَذِهِ البَقَرَةَ تَعُودُ لَهُ، لَكِنَّ جُحَا أَصَرَّ عَلَى أَنَّهَا بَقَرَتُهُ الَّتِي اصْطَادَهَا غُرَابُهُ، فَاقْتَرَحَ القَاضِي أَنْ يَذْهَبَ الاثْنَانِ إِلَى المَحْكَمَةِ غَدًا..

وَفِي الْيَوْمِ التَّالِي مَلَأَ جُحَا جَرَّةً كَبِيرَةً بِالتُّرَابِ، وَغَطَّى فُوَّهَتَهَا بِالْعَسَلِ، وَذَهَبَ بِهَا إِلَى الْقَاضِي الَّذِي مَا إِنْ رَأَى الْهَدِيَّةَ حَتَّى طَرَدَ التَّاجِرَ الْغَنِيَّ وَحَكَمَ بِالْبَقَرَةِ لِجُحَا.

وَلِشَرَاهَتِهِ وَطَمَعِهِ حَاوَلَ القَاضِي أَنْ يَتَذوَّقَ العَسَلَ وَكَادَ يَخْتَنِقُ بِالتُّرَابِ.

فَخَرَجَ جُحَا عَلَى الفَوْرِ مِنْ مَجْلِسِ القَاضِي يَجُرُّ البَقَرَةَ..

وَكَانَ سَعِيدًا بِانْتِصَارِهِ عَلَى مَنْ أَضْمَرَ لَهُ الشَّرَّ وَاسْتَهْزَأَ بِهِ.

1 – مَاذا يُرِيدُ جُحَا أَنْ يُلَقِّنَ القَاضِيَ .. وَلِمَاذَا؟

2 – مَا الَّذِي أَحْضَرَهُ جُحَا مِنَ الْغَابَةِ؟

3 – هَلْ صَدَّقَ القَاضِي وَصَاحِبُهُ ما قَالَهُ جُحَا عَنِ الْغُرَابِ؟

4 – لِمَاذَا حَكَمَ القَاضِي لِجُحَا؟

5 – مَاذَا تَسْتَفِيدُ مِنْ هذِهِ القِصَّةِ؟

www.ingramcontent.com/pod-product-compliance
Lightning Source LLC
LaVergne TN
LVHW081305210726
843509LV00019B/228